Blanc.

T 114
e
11

Té 114
11

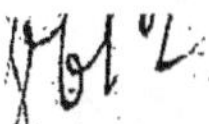

MÉMOIRE

SUR

UNE DÉCOUVERTE

RECONNUE PROPRE A OPÉRER PROMPTEMENT ET RADICALEMENT
TOUTES SORTES DE MALADIES CUTANÉES OU AUTRES AFFEC-
TIONS MORBIDES DE LA PEAU, ET A RÉTABLIR LA CHEVELURE
DANS LES CAS TEIGNES.

PAR

Eugène Blanc,

OFFICIER DE SANTÉ.

DÉDIÉ A M. LE MINISTRE DU COMMERCE ET DES TRAVAUX
PUBLICS.

PARIS.

IMPRIMERIE DE J.-A. BOUDON,

RUE MONTMARTRE, 131.

1835.

MÉMOIRE

SUR

UNE DÉCOUVERTE

RECONNUE PROPRE A OPÉRER PROMPTEMENT ET RADICALEMENT TOUTES
SORTES DE MALADIES CUTANÉES OU AUTRES AFFECTIONS MORBIDES DE LA
PEAU ET A RÉTABLIR LA CHEVELURE DANS LES CAS TEIGNES.

PAR

Eugène Blanc,

OFFICIER DE SANTÉ.

Dédié à M. le Ministre du Commerce et des Travaux publics.

BIBLIOTHÈQUE ROYALE

MONSIEUR LE MINISTRE,

Enhardi par l'honneur de vos trois réponses sous les dates
des 28 février 1831, 18 juillet 1832, et 24 décembre 1834,
n° 7,925, je prends la respectueuse liberté de vous adres-
ser, dans cette brochure, toutes les circonstances qui se
rattachent à l'importante découverte dont il s'agit, même
la copie de mon diplôme et les certificats dont je suis porteur; persuadé qu'après en avoir pris connaissance, vous
daignerez aussitôt donner vos ordres pour qu'après les for-

malités voulues par les réglemens, je sois admis à faire les épreuves de mon remède dans l'hôpital Saint-Louis.

Permettez-moi, Monsieur le ministre, d'entrer ici dans quelques détails.

Né d'origine française à Chambéry, et habitant aujourd'hui Ferney-Voltaire, où je jouis de mes droits de citoyen français, en vertu de l'art. 10 du code civil, je me trouvais en 1811 dans les provinces illyriennes en qualité de lieutenant au service de Napoléon, lorsque le hasard me procura les moyens de faire la découverte d'un remède contre les dartres, teignes, etc. Les avantages que présentaient la douceur de son application, la promptitude de la guérison, et le rétablissement de la chevelure firent que je n'hésitai pas d'en prendre note dans l'unique but de me rendre utile à mes concitoyens. Combien je me trompais! Les événemens de 1814, 1815, joints à la perte totale des propriétés de mon père, m'obligèrent de m'en créer un état pour subvenir aux besoins de ma famille,

Sachant que la teigne était considérée dans nos climats comme maladie incurable; qu'on ne la traitait, bien souvent sans succès, que par l'application douloureuse de la calotte de poix: ayant en outre connaissance que cette affection était un cas de réforme pour le service militaire, j'ai cru tirer parti de cette découverte; et ce ne fut qu'après maintes et maintes épreuves que je me rendis à Turin, où, par l'organe de M. le comte *Salluce*, ministre de la guerre, et M. le marquis de *Cavours*, inspecteur général des levées militaires, je proposai à S. M. le roi *Victor Emmanuel* de rendre propres au service militaire, dans l'espace de trois mois, tous les inscrits devant faire partie de l'armée, qui seraient atteints de ces maladies sus-dénommées.

Par ordre du roi, je fus adressé par une lettre de M. le comte de *Salluce* à M. le comte *Audiberti*, président de la faculté de médecine, lui enjoignant de donner ses ordres, afin que je fusse mis à l'épreuve dans l'hospice de la Charité.

Après toutes les formalités prescrites, M. le docteur Horacio *Garnero*, chirurgien primaire, et chirurgien-major du susdit, fut nommé inspecteur des traitemens que je devais faire, et qui durèrent trois ans (soit 1819, 1820, 1821), voir le certificat ci-après :

« Je soussigné, Horacio Garnero, chirurgien primaire, et chirurgien-major, déclare qu'ayant été nommé par le royal proto-médical de médecine de la capitale, en date du 24 sept. 1818, et par ordre minisériel, pour inspecter les traitemens qu'a faits M. E. Blanc pour la guérison des maladies cutanées, soit dartres, teignes, pour lesquelles il annonce être porteur d'un remède particulier, je déclare avoir suivi attentivement et journellement, pendant les années 1819, 1820 et 1821, toutes les cures qu'il a effectuées; et après cessation du traitement, j'ai visité chaque individu une fois par semaine pendant un an, et n'ai reconnu aucune répercussion, mais une complète guérison, et le parfait rétablissement de la chevelure, sans aucun dérangement intérieur, malgré l'abondance des dépuratifs (à la vérité très-doux) qu'il leur a administrés, principalement sur les nommés *Guid*, *Alfurno*, *Stéphano*, *Damiano*, *et Piétro-Daguidi*, déjà travaillés depuis quatre ans de cette maladie rebelle à tous les moyens curatifs. Je déclare, en outre, que depuis que je professe l'art médical, je n'ai reconnu aucun remède aussi efficace et si peu douloureux que celui dudit M. Blanc, et que d'après mes connaissances et ma conviction, je crois que le royal proto-médical, pour le bien de l'humanité souffrante, peut avantageusement délivrer un brevet à M. Blanc.

Turin, le 6 novembre 1828,

HORACIO GARNERO, D.-M. »

L'intérêt que vous portez à tout ce qui peut être utile au bien général, Monsieur le ministre, me fait espérer que je jouirai des mêmes avantages que j'ai obtenus à Turin sous, le règne de Charles-Félix.

Observations.

Dans l'intervalle des épreuves que je fis à l'hôpital de Turin, je prouvai à plusieurs docteurs en médecine, qui soutenaient que cette maladie n'attaquait que la classe indigente ; je prouvai, dis-je, qu'elle attaquait indistinctement toutes les classes de la société, et je leur fis voir que j'avais traité le fermier, les enfans du fermier, et deux demoiselles parentes du célèbre *Scarpa* de Pavie, qui daigna me témoigner sa bienveillance au sujet de cette heureuse découverte. Je leur fis voir aussi que je tenais en traitement le neveu de l'illustre marquis de *Barberoux*, secrétaire de S. M. *Charles-Félix*.

Depuis cette époque, j'ai guéri dans tous les pays où j'ai voyagé, des personnes de toutes les classes, et notamment dans l'année 1834. J'ai été appelé à Tonon (Savoie) par deux capitaines au service de S. M. Charles-Albert, aussi atteints de la teigne. Cependant ils étaient natifs de Sardaigne, preuve que cette maladie exerce ses ravages en tout climat.

Je puis ajouter à l'appui de ce que j'avance qu'à Gênes, pays maritime, il en existe un nombre considérable ; que même dans l'hospice de mendicité de cette ville, dit Auberge des pauvres, il y en avait cent trente-deux, comme je puis aussi dire que la maison de charité de Grenoble en renfermait trente-six, malgré la faible population de l'arrondissement de cette ville.

Il est donc manifeste qu'en France, comme dans l'Europe

entière, cette maladie prive de la société une assez grande partie de la population, même dans les pays les plus élevés. Par exemple, on en voit quantité à Saint-Claude, à Besançon, villes très-montagneuses, et je crois savoir qu'en Provence il y en a tout autant.

Il convient donc, Monsieur le ministre, d'en arrêter les hideux ravages, puisque le remède que je présente en offre un moyen d'autant plus évident qu'il exempte de toute répercussion, et que dès l'âge le plus tendre, on peut en supporter l'application.

Je ne doute point, Monsieur le ministre, que je n'aie à soutenir une épreuve d'autant plus chaleureuse qu'un grand nombre de personnes ont aussi présenté des moyens de guérison pour le même genre de maladie, et qui, conme moi, ont répondu de l'efficacité de leur remède : anssi ai-je voulu voir si les leurs présentaient des avantages supérieurs aux miens, ce qui a retardé mon voyage à Paris de trois ans.

J'ai suivi attentivement, principalement à Genève, les traitemens de plusieurs médecins qui combattent les maladies cutanées par les pommades dépilatoires homœopathiques et par les sirops dépuratifs de plusieurs pharmaciens, et je puis bien le dire, j'en ai reconnu l'insuffisance. Je ne rapporterai qu'un exemple.

Les deux officiers précités ont fait usage de douze bouteilles désignées sous le nom de sirop régénérateur végétal et dépuratif; eh! bien, qu'on les appelle en témoignage; ils déclareront que leur maladie n'a cédé qu'à mon traitement.

J'ai l'honneur de vous exposer, Monsieur le ministre, que je suis ancien militaire de vingt-deux ans de service, ayant quatre blessures bien constatées; que je n'ai d'autre fortune que la possession de mon remède; et dans l'espérance que mes fatigues et mes peines seraient un jour récompensées, j'ai sacrifié le peu que je possédais pour l'approfondir, les indigens d'ailleurs n'ayant jamais en vain réclamé mon ministère, ainsi que le prouvent les noms que je puis représenter de plus de cinq cents personnes que j'ai gratuitement guéries, tant en France, en Suisse et en Savoie, qu'en Piémont.

C'est d'après ces considérations, Monsieur le ministre, que vous voudrez bien exposer aux yeux de sa majesté la présente demande et la faire agréer.

Dans cet espoir, j'ai l'honneur d'être, avec le plus profond respect, Monsieur le ministre, votre dévoué serviteur,

Eugène BLANC.

Suivent les copies du diplôme et des certificats comme pièces justificatives de ce que j'avance; observant qu'il n'y en a point d individuelle, que toutes sont rédigées par des personnes de l'art et autorités locales. Au reste je pourrais représenter les originaux.

⸺◦◦◦⸺

LA MAGISTRATURE

DU PROTO-MÉDICAL DE LA ROYALE UNIVERSITÉ DES ÉTUDES DE TURIN.

Est recouru à nous, *M. E. Blanc* de Chambéry, pour obtenir la permission de vendre et débiter un remède, dont la composition est son secret, pour guérir les maladies cutanées comme dartres, teignes et autres : et nous, ayant examiné attentivement une telle préparation et les ingrédiens qui la composent, dont nous nous sommes fait faire l'aveu sous le sceau du secret, et seulement à un des membres de ladite magistrature , duquel aveu il est résulté que son remède ne pouvait être que très-utile à la société, nous nous sommes disposés, d'un commun accord et avec satisfaction, à permettre la vente dudit remède , ainsi qu'en vertu de quantité de certificats qu'il nous a présentés et dans lesquels il se trouve celui de M. le chirurgien-major Horacio Garnero , chirurgien primaire de cette ville, qui prouve les avantages qui ont été déjà obtenus par l'application de son remède.

En suite de quoi et par les présentes de nous signées et munies de notre sceau, et en vertu des autorités que S. M. nous a accordées, nous déclarons que M. *E. Blanc* est autorisé à vendre, en sa qualité d'officier de santé, la susdite préparation dans les états de S. M. et tous ceux dépendant de notre juridiction.

Turin, le 2 du mois de février de l'année de notre Seigneur 1829.

Signé à l'original, GAZELLI *Reformatore.*

Oliceza Capo....
{ Vu à Alexandrie, le 10 février 1829.

{ SOBRERO , *Secrétaire de la réforme.*

Enregistré à Chambéry, le 4 septembre 1830, registre 7 , f. 155.

MONNET , *Secrétaire de la réforme.*

L'année de notre Seigneur, 1829, et le 19 du mois de novembre, à deux heures après midi , par devant moi , royal notaire de cette commune , s'est présenté M. Charles Bruno Guascho de Solère, accompagné de témoins ci-après désignés lequel nous déclare avoir été traité par M. Eugène Blanc, officier de santé, d'une dartre vive et universelle qui s'était déclarée à la suite de deux galles et d'une maladie vénérienne mal soignée ; qu'il ne s'était adressé à M. Blanc que par le conseil réitéré de M. le docteur Paganini, propriétaire de l'établissement de santé de Oleggio, et de son substitut M. Trugi, qui ont confirmé les conseils et l'efficacité du remède de M. Blanc ; ledit Charles Bruno déclare en outre, que la dartre s'était déclarée à l'âge de soixante ans, et qu'elle lui couvrait toutes les parties du corps ; que l'intérieur de ses mains n'en était pas exempt (tous ces faits sont à notre parfaite connaissance comme notaire du pays), et que pendant les trente-trois jours de traitement, bien que M. Blanc eût employé l'acide sulfurique pour ses bains, il ne s'est jamais senti ni maux de tête, ni d'estomac, ni même un vomissement ; et qu'au contraire, les remèdes de M. Blanc ont eu tout le succès qu'on pourrait désirer, et qu'il est pleinement satisfait du traitement.

Signé, CHARLES BRUNO GUASCHO,
JEAN-BAPTISTE SÉBASTIANI,
NICOLAS BADOLEIRA,
GUASCHO, *royal notaire*.

Vues et certifiées véritables les signatures ci-dessus apposées et pricipalement celle de M. le notaire Guascho Charles, royal notaire, et à laquelle on peut prêter foi.

Alexandrie, 18 novembre 1828.

Pour M. le préfet indisposé ,

MOROSA, *secrétaire*.

HOPITAL-MAJOR

DES INFIRMIERS DE LA VILLE DE VERCELL,

SOUS LE TITRE DE ST-ANDRÉ.

Pardevant nous, illustre médecin du proto-médical et des seigneur Castel-Novo et Ambroise de Gatinary, nous avons convenu avec M. E. Blanc, en notre qualité de médecin et d'administrateur de cet hôpital, que ce dernier traitera six malades, dont trois atteints de dartres et trois atteints de teignes, avec son spécifique, et que s'il obtient leur guérison, nous lui donnerons à titre de récompense la somme de 600f. qui ne lui sera payée qu'une année après, jour par jour, et à condition qu'ils seront visités une fois par mois par un des médecins dudit hôpital, pour s'assurer qu'il n'existe pas de répercussion, et si le rétablissement de la chevelure a lieu comme il nous l'a promis. Tous ces faits devront être constatés par un de nos chirurgiens-majors qui dressera un procès-verbal, et à la représentation dudit monsieur, notre caissier lui payera la somme convenue.

Fait à Vercelli, le 29 janvier 1829.

Signé, CASTEL-NOVO, et AMBROISE de GATINARY.

Je soussigné, déclare que les six malades qui ont été confiés aux soins de M. Blanc sont parfaitement guéris, et que, dans toutes les visites que j'ai faites mensuellement, je ne me suis aperçu d'aucune répercussion, et qu'au contraire le rétablissement de la chevelure est parfait.

Vercelli, le 6 septembre 1830.

ORIONE.

A la suite du certificat du chirurgien Orione , il a été payé à M. Blanc les six cents francs qui lui étaient dus d'après les conventions passées avec messieurs les administrateurs dudit hôpital, le 26 janvier 1829.

Vercelli, le 6 septembre 1830.

Le caissier de l'hôpital, MURATI.

Je soussigné, déclare, Antoine Barbery, chirurgien approuvé de la commune de Monbercelli, province d'Asti, que M. E. Blanc, officier de santé, breveté de la royale université de Turin, a traité sous ma surveillance les individus ci-après dénommés, atteints du morbe, teigne, soient : Charles Freddi, fils de Jean-Baptiste ; Guillerme, enfant naturel d'Alexandrie, un autre enfant naturel d'Alexandrie , tous les deux domestiques, et le quatrième de la commune de Vinchio , lesquels quatre individus ont été parfaitement guéris , avec le rétablissement de la chevelure, et cela dans l'espace de deux mois et demi.

En foi de quoi je lui ai délivré le présent,

Monbercelli, le 24 juillet 1830.

BARBERY, *chirurgien.*

Vu pour la légalisation de la signature de M. Barbery chirurgien en cette commune.

Le 24 juillet 1830.

PAZELLA, *syndic.*

Je déclare, moi soussigné , que M. Eugène Blanc a traité onze individus de divers sexes et âges, affectés de la teigne, tous résidant en cette commune ; et que, dans l'espace de deux mois , les susdits individus ont été parfaitement guéris avec le rétablissement de la chevelure. Je déclare , en outre, que cinq des susdits individus étaient pauvres et ont été gratuitement guéris.

En foi de quoi,

Castiglione, le 26 mai 1830.

Le délégué de la faculté,

ALLARDI.

Vu par nous pour légalisation de la signature de M. Allardi.

Castiglione, le 26 mai 1830.

VISONE , *syndic*.

Je soussigné, prévôt de l'église paroissiale de Vinchio, déclare que M. Eugène Blanc , de Chambéry , dans l'intervalle de deux mois qu'il a habité dans cette paroisse, pour y traiter différentes personnes atteintes de dartres et de teigne, les a parfaitement guéries.

Vinchio, le 6 août 1830.

JEAN PHIONE, *prévôt*.

Nous, châtelain et propriétaire de cette commune, certifions être la pure vérité , la déclaration ci-dessus écrite, et que M. Blanc s'est mérité la bienveillance publique, non-seulement par les cures gratuites qu'il a faites dans notre commune, mais encore par la conduite qu'il a tenue.

Vinchio, le 18 août 1830.

FIRIATI CASTELLANO.

Suivent douze signatures.

Ayant attentivement examiné les progrès inquiétans qı
faisaient en Piémont les maladies cutanées ; après avoir r
connu approximativement la quantité de teigneux et de da
treux de chacune des provinces de ce royaume, et les avo
signalés à la faculté de médecine de Turin, je me rendis
Chambéry où je mis toute l'activité possible à approfond
mes études sur cette science, et afin de m'assurer si ces mal
dies étaient plus fréquentes en Piémont qu'en Savoie, vu
différence des climats, j'ai reconnu que bien que l'air soit i
comparablement plus vif en Savoie qu'en Piémont, il en exi
tait (Savoie-Propre),   8ξ

  Par suite d'une visite faite le 25 avril 1831 à Chambéry, par ordre supérieur et en vertu des réglemens
des écoles, il résulte que quatre-vingt filles ont été
renvoyées de chez les sœurs et trente-quatre garçons
de chez les frères.

  A Moutier, ville couronnée de montagnes et où l'air
est aussi très-vif, seize ont été renvoyés de chez les
frères et vingt de chez les sœurs à la suite d'une visite
qui eut lieu le 16 décembre 1831, bien que cette
ville compte à peine 4,000 âmes.

Dans la province Génevoise.	. . . . . .	5ξ
id.	Le Chablain.	5(
id.	Faussigny.	5ξ
id.	Haute-Savoie. . . , . .	5/
id.	Morienne. . , . . .	3ξ
id.	Tarantaise.	5ξ

Total.   . . . 4,0(

Ces circonstances me mirent dans le cas de faire un ra
port à la magistrature de santé de Chambéry, pour lui pro
ver que cette maladie était, non-seulement contagieuse, mɛ
encore héréditaire.

Par ce rapport, j'ai clairement démontré : 1° Que trois filles du sieur Collombat, de la commune de Valloire , étant atteintes de cette maladie, se sont mariées, et qu'il en est résulté, que l'une d'elle a transmis son mal à quatre de ses enfans, l'autre à cinq, et la troisième à sept; 2° Que quantité de jeunes gens, pour se soustraire au service militaire, pendant le règne de Napoléon, s'étaient procuré cette maladie qu'ils propagent encore aujourd'hui (1); 3° Qu'un abus préjudiciable à la société existait dans toutes ces communes où des femmes et autres personnes se permettent, contre les lois, d'appliquer des remèdes, principalement la calotte de poix. Car, il en résulte qu'une grande partie de ces malheureux restent chauves ; que par conséquent, ils sont comme exilés de la société par ceux qui connaissent l'origine de leur infirmité, et que beaucoup d'autres restent estropiés par les dépôts des humeurs qui ont été détournées sans évacuation. Des certificats prouveront plus loin ce que j'avance; ce n'est pas ici le lieu de les rapporter. Je dis bien d'avantage : cette maladie est communiquée à l'homme par des animaux domestiques; le fait que voici servira de preuve.

Le nommé J.-B. Fontaine, âgé de 42 ans, de la commune de Labiole, domestique de M. le marquis de Costa, à la Mote, prit cette maladie en pansant journellement un mulet galeux, maladie qui ne se déclara que trois mois après en teigne militaire. L'intérêt que M. de Costa portait à ce jeune homme l'engagea à le faire traiter par le premier médecin de Chambéry. Le 7 octobre 1831, il me fut envoyé par M. le docteur Gouverd, avec une lettre de recommandation pour lui donner tous mes soins. D'après les interrogations nécessaires, il résulte que cet homme avait supporté tous les remèdes ima-

---

(1) Quantité d'officiers de recrutement de l'ancienne armée, ainsi que les maires des communes, peuvent l'attester.

ginables et vingt-quatre calottes de poix ; que sa maladie, comme je l'ai dit, ne lui fut communiquée que par un mulet. C'est la seule, de toutes celles que j'ai traitées, qui n'ait cédé à mon traitement qu'au bout de sept mois, et qui m'ait obligé même d'employer les fumigations sulfureuses d'après la méthode de M. le docteur Gall.

D'après les certificats de plusieurs médecins , il résulte que quatre-vingts personnes ont été guéries avec le rétablissement de la chevelure et il s'en trouve au moins cent qui n'ont pas été constatées, mais dont je puis donner les noms.

Le docteur Revet, soussigné, déclare avoir connaissance de plusieurs cas de teignes rebelles qui ont cédé au traitement de M. Blanc, pendant l'année 1831, et que j'ai visités aujourd'hui derechef, 10 juin 1833 ; je les ai parfaitement reconnus guéris avec l'entier rétablissement de la chevelure.

Chambéry, 10 juin 1833.

L. Revet, D. M.

J'ai visité aujourd'hui plusieurs personnes qui avaient été traitées par M. Blanc, pour des maladies cutanées, telles que dartres et teignes ; j'ai reconnu aussi leur parfaite guérison et le rétablissement de la chevelure. Ce traitement a eu lieu dans le cours de 1831. Je signalerai parmi le nombre de ces personnes Madelin Hyacinthe , âgé de vingt-trois ans , qui avait apporté cette maladie de naissance , qui ne présente plus que les cicatrices d'une teigne ulcéreuse parfaitement guérie ; et Richard Marie , âgé de vingt-deux ans , qui se trouve en permission dans ce moment et appartient à la 1re compagnie du 2e régiment de Savoie, qui, sans les opérations et les traitemens de M. Blanc , aurait joui de la réforme.

Chambéry, 10 juin 1833.

Borsson, D. M.

Vu pour la légalisation ci-dessus des signatures de MM. Revet et Borsson, en leur qualité de docteurs-médecins.

Chambéry, 11 juin 1833.

Le Syndic, DESVILLES DE TRAVERNET.

RÉPUBLIQUE DE GENÈVE.

Je déclare avoir suivi la cure des deux sœurs Mauze, atteintes de teignes qui avaient résisté à différens traitemens, et qui ont cédé à celui de M. Blanc, et qu'aujourd'hui elles sont parfaitement guéries.

Plein-Palais, le 16 novembre 1832.

CHUIT, M.

Je déclare que M. Blanc, officier de santé, a traité en cette ville, sous mon inspection, six individus atteints de la teigne; qu'ils sont parfaitement guéris, avec le rétablissement de la chevelure.

Carrouge, 16 novembre 1832.

MONTFALCON.

Nous déclarons que M. Blanc a traité, dans l'hôpital de cette ville, Antoinette Pilet, âgée de trente-quatre ans, de la commune de Crête, d'une teigne squammeuse syphilitique ; que cette femme lui avait été confiée pour servir d'épreuve, que la teigne s'était répandue sur ses bras et sur son visage, qu'elle avait suivi plusieurs traitemens, même mercuriels, sans succès, et que M. Blanc l'a guérie dans l'espace de trois mois.

Genève, le 16 novembre 1833.

Signé : COINDET et OLIVET,
Docteurs-médecins de l'hôpital.

Vu pour légalisation des quatre signatures ci-dessus, soit CHUIT, MONTFALCON, COINDET et OLIVET.

Genève, le conseiller-d'Etat,

DE ROCHES.

La cure ci-dessus, ainsi que plusieurs autres, a été suivie, à l'invitation du docteur Coindet, par divers médecins de Paris qui se trouvaient alors à Genève, ce qui leur fit prolonger leur séjour en cette ville ; je les ferai connaître au besoin.

Le nombre des personnes que j'ai traitées est bien supérieur à celui dont je présente les certificats ci - dessus, puisqu'il s'élève à soixante-quinze, mais ayant promis de ne pas faire connaître les autres, je me borne à citer les quatre plus invétérées qui sont :

1º Le fils Ador, dont le père est gendarme à Genève. C'était son troisième enfant, les deux premiers avaient succombé, dès leur tendre enfance, aux afflictions qu'ils avaient apportées en naissant, suite évidente et naturelle des maux vénériens que leur père avait eus dans le cours de son service militaire. Cet enfant avait été abandonné par les docteurs majors, Péchié et autres ; je lui rendis la santé dans l'espace de deux mois, et il est aujourd'hui dans un état prospère.

2º La fille Battier, à Pré-Lévêque, âgée de trente deux ans, qui avait subi plusieurs traitemens, même mercuriels, à l'âge de dix-huit ans, fut ensuite atteinte d'une maladie vénérienne qui, jointe à la teigne, se répandit sur son nez, son visage et ses bras (maladie parfaitement semblable à celle d'Antoinette Pilet), qui a cédé au bout de trois mois de traitement.

5° Henriette Fusay, âgée de vingt-huit ans, née d'une mère affectée d'une dartre granulée (1) qui lui couvrait le bas-ventre et les parties génitales, était atteinte d'une teigne de la même catégorie, qui la travaillait dès son bas âge, fut d'abord confiée aux soins de plusieurs médecins de Genève, principalement à MM. Lafond et Péchié qui, à force de lavages et d'applications émollientes sur la tête, détournèrent les humeurs qui ne tardèrent pas à se porter sur la poitrine, ce qui obligea ces MM. à la déclarer étique. Ce fut le 4 novembre 1832 qu'elle vint se confier à mes soins, et grâce à mes moyens dépuratifs et impuratifs qui eurent pour premier effet de ramener le mal à son siége primitif, elle jouit aujourd'hui de la santé la plus brillante et la plus parfaite. Pourtant le traitement n'a duré que trois mois et demi. La mère qui avait cette même maladie ne s'est pas décidée à subir le traitement à cause de son grand âge.

4° La fille Keller, âgée de vingt-deux ans, atteinte d'une dartre de la même espèce et occasionnée par les mêmes motifs que l'affectation de la fille Battier jouit également aujourd'hui de la meilleure santé.

M. Gerlier certifie qu'à Ferney-Voltaire huit personnes ont aussi été guéries par moi. Il est à remarquer que c'est dix-huit mois après la cessation du traitement que ce docteur s'explique ainsi : « J'ai visité aujourd'hui les huit malades compris dans la note que présente M. Blanc, et j'ai reconnu leur parfaite guérison et le rétablissement de la chevelure, observant que la nommée Jannette Maréchal, âgée de 26 ans,

---

(1) La dartre granulée forme des petits boutons semblables à la graine de figue en maturité, voilà pourquoi les médecins d'Italie la nomment dardre ou teigne figoza. Ceux de France la désignent sous le nom de rongeante et ulcéreuse ; *Porrigine.*

avait été traitée sans succès par quantité de médecins ; qu'elle avait supporté l'application de quatorze calottes de poix qui détournèrent les humeurs, et il se forma sous son nez et son visage une dartre vive qui la travaillait depuis six années , laquelle avait résisté à tous les traitemens possibles, et qu'aujourd'hui cette fille est parfaitement guérie sans que le cuir chevelu et la peau présentent aucunes cicatrices; qu'au contraire elle se trouve parfaitement guérie.

Ferney-Voltaire, 26 novembre 1834.

GERLIER.

Vu pour la légalisation de la signature de M. le docteur Gerlier, apposée cejourd'hui 25 novembre 1834.

Le maire par intérim, P. MAGNIN.

Le docteur Lépine, inspecteur des bains de la ville d'Aix à M. Blanc, officier de santé à St.-Simion près d'Aix (Savoie).

Mon cher Blanc,

Le porteur de la présente , Schmitt Antoine , âgé de dix-huit ans, est atteint d'une teigne faveuse. Se trouvant dans un état de pauvreté complète, je vous prie de vouloir lui prêter vos soins, connaissant d'avance l'efficacité de vos remèdes et l'intérêt que vous prenez pour les malheureux. Je suis persuadé d'avance que dans peu de temps vous aurez obtenu sa parfaite guérison. Je me réserve de vous en témoigner ma satisfaction à notre première entrevue qui ne tardera pas.

Annecy, le 30 avril 1830.

Le docteur LÉPINE.

Le même au même.

Mon cher Blanc,

Je viens d'entretenir le premier doyen de la faculté de Montpellier, M. de Broussonnet, de la découverte que vous avez faite en Illyrie pour la guérison des teignes, dartres et autres maladies cutanées; il désire assister à vos traitemens. Ayez donc l'extrême obligeance de ne pas les commencer demain au matin avant neuf heures, heure à laquelle nous serons chez vous.

Aix, le 25 juin 1832.

Le docteur LÉPINE.

P. S. Je lui ai aussi parlé de la blessure que vous vous étiez faite, et il a été surpris du résultat de l'application de votre huile; il m'a même dit que tout autre personne que moi lui citerait un semblable phénomène, il n'y ajouterait aucune foi, et il est bien décidé à emporter quatre ou cinq de vos bouteilles.

M. Revel, docteur en médecine, à M. Blanc, officier de santé à St.-Simon.

A votre premier voyage à Chambéry, je vous prie de passer à Lémens au couvent du Sacré-Cœur; vous vous y présenterez avec cette missive, et l'on soumettra à votre traitement une jeune pensionnaire, âgée de quinze ans, atteinte d'une teigne qui la travaille depuis bien des années, et qui a été rebelle à plusieurs traitemens. Ne vous inquiétez pas du paiement, elle appartient à une famille de bourgeois, et je vous invite à y porter tous vos soins. Je n'ai pas besoin de vous recommander le secret, madame la supérieure du couvent tient à ce que personne ne sache qu'une de ses pensionnaires est atteinte de cette maladie; c'est assez vous en dire. Je vous salue.

Chambéry 23 août 1832.

REVEL, *docteur en médecine.*

Le chevalier de Butted, président du conseil de la réforme, à M. Blanc, officier de santé à St.-Simon, hameau d'Aix.

Je vous prie, Monsieur, de vouloir prêter vos soins au petit Eugène Bovagnet, fils d'une personne à laquelle je m'intéresse. Il est âgé de douze ans, et depuis l'âge le plus tendre, il est tourmenté par une teigne, qui jusqu'à présent a résisté aux traitemens de tous nos médecins; la connaissance que j'ai des guérisons que vous avez obtenues à Turin me fait espérer que vous aurez bientôt vaincu cette maudite maladie. Je vous salue.

H. DE BUTTED.

A monsieur E. Blanc, officier de santé à Ferney-Voltaire.

Mon cher Monsieur,

Où est votre dépôt à Genève? Pourriez-vous venir me trouver? Je désirerais vous faire voir une jeune demoiselle atteinte d'une teigne bien rebelle depuis quatre ans; elle va régulièrement toutes les années aux bains de Lovèche (Suisse) sans succès. Je voudrais, avant d'entreprendre le traitement, savoir si c'est là une des teignes de la guérison desquelles vous pouvez répondre.

Genève, le 2 octobre 1833.

COINDET père, *docteur-médecin.*

Au rédacteur.

Monsieur le rédacteur,

Quoique simple tonnelier de cette ville , je sais apprécier le vrai mérite, et voulant rendre une pleine et entière justice aux talens de M. Eugène Blanc, officier de santé, je viens emprunter la voie de votre respectable journal pour lui témoigner ma vive reconnaissance d'avoir radicalement guéri ma fille âgée de vingt-deux ans, atteinte d'une dartre qui lui couvrait la moitié de la figure et plusieurs parties du corps, maladie qui la travaillait depuis plusieurs années.

C'est à la sollicitation de la mère des pauvres (madame Poitevin) que M. Blanc a entrepris cette brillante cure, et cela sans aucune espèce de rétribution.

Celui qui douterait de la vérité du fait peut venir chez moi, rue du Perron, n° 118, au troisime étage, à Genève, afin de prendre les renseignemens que je m'empresserai de lui donner.

Agréez, etc.

Genève, 13 mars 1833.

Monsieur le rédacteur,

Votre impartialité à insérer dans votre estimable journal tout ce qui peut tendre au bien-être de la société me fait espérer que vous voudrez bien insérer dans votre prochain numéro les réflexions suivantes au sujet de M. Eugène Blanc, officier de santé, qui a trouvé à Ferney-Voltaire la tranquillité que le gouvernement de Genève lui a arbitrairement refusée. Depuis que M. Blanc habite cet endroit, un grand nombre de Génevois viennent pour le consulter et se faire traiter ; plusieurs lui ont donné des témoignages authentiques de reconnaissance pour les heureux résultats que produit journellement son spécifique.

J'aime à croire que d'après les arrangemens pris, M. Blanc prolongera son séjour parmi nous; je ne crains point de dire qu'il est désiré par tous ceux qui ont l'avantage de le connaître, et surtout par les malheureux affectés de la teigne et dartres. J'ajouterai qu'un grand nombre d'étrangers est arrivé cette semaine pour se faire traiter par lui, et qu'il a débuté dans notre pays en donnant ses soins à quatre individus et sans aucune rétribution. Ces quatre malheureux offrent une guérison prochaine.

Ferney-Voltaire, ce 13 mars 1833.

Agréez, etc.   L. B.

Monsieur le rédacteur,

Mes moyens pécuniaires ne me mettant pas à même de pouvoir reconnaître en aucune manière l'important service que m'a rendu M. Blanc, possesseur du secret pour guérir la teigne, dartres, etc., j'ai cru devoir lui témoigner ma reconnaissance en employant la voie de votre journal pour rendre publique la merveilleuse guérison qu'il a opérée sur ma personne. J'ai vingt-six ans; depuis l'âge de treize ans, j'étais travaillée d'une teigne qui m'avait été communiquée par un bonnet. Pendant six ans consécutifs, la faculté de Genève s'épuisa en vain, de même que sur une de mes sœurs qui est morte de cette maladie. Tourmentée par ce fléau, l'on me conduisit à l'hôpital de Tougin, près de Gex, où je supportai encore 14 calottes de poix qui ne firent que de détourner une partie des humeurs qui se portèrent sur le nez et formèrent un dépôt ulcéreux qui depuis six ans m'avait réduite à un état affreux.

M. Blanc arriva à Ferney dans le courant de février, il s'offrit de me guérir gratuitement. Fatiguée de tant de remèdes que j'avais vainement employés, je refusai ses offres, et ce ne fut qu'à la sollicitation d'une personne respectable qui m'assura que M. Blanc était porteur d'honorables certificats constatant la guérison de maladies aussi graves que la mienne, que je me soumis au traitement qui a duré trois mois sous la surveillance de M. le docteur Gerlier qui lui a déjà délivré le certificat de ma guérison. J'invite les personnes qui se trouveraient atteintes d'une semblable maladie de ne point craindre de suivre son traitement qui est très-doux et n'occasionne aucun dérangement ni défectuosité ; au contraire il est constant que ma chevelure commence à se rétablir.

M. Blanc n'a pas seulement prodigué ses soins à moi seule, mais il est notoire qu'il les a prodigués à trois autres personnes, auxquelles, comme à moi, il a fourni tous les médicamens nécessaires sans en avoir exigé la moindre rétribution.

Je regrette vivement de ne pas avoir de fortune, non-seulement pour le récompenser d'une œuvre aussi louable, mais pour rendre publique à l'Europe entière ma position primitive et la présente.

Pour le bien de l'humanité souffrante, j'invite MM. les rédacteurs à insérer la présente dans leurs journaux.

Agréez, Monsieur, mes respectueuses salutations.

Ferney, le 10 juillet 1833.

Jeannette MARÉCHAL.

Monsieur le Rédacteur,

Dans votre empressement à prôner tout ce qui vous semble susceptible de contribuer au soulagement des peines tant physiques que morales qui affligent l'humanité, vous annonçâtes dans le temps, l'arrivée à Genève de M. Eugène Blanc de Chambéry.

M. Blanc s'était présenté à vous comme étant possesseur d'un remède infaillible contre la teigne, vulgairement dite râche.

A l'appui de ses assertions, il avait mis sous vos yeux un brevet que lui a délivré la Faculté de médecine de Turin, le 2 février 1829, la lettre d'envoi d'une gratification à lui remise par le feu roi de Sardaigne, Charles-Félix, et en outre plusieurs certificats constatant un grand nombre de cures opérées par ses soins, la plupart avec le plus louable désintéressement.

Ces certificats étaient d'ailleurs revêtus de signatures de personnes honorables, tels que préfets, syndics, châtelains, médecins, chirurgiens, directeurs d'hôpitaux, prêtres, propriétaires notables, etc., etc., lesquelles, en signalant les noms des individus traités et guéris, n'avaient pas manqué de s'exprimer dans les termes les plus favorables sur la conduite généreuse de M. Blanc à l'égard des malades indigens.

De tels antécédens avaient dû naturellement vous intéresser, et malgré vos sages préventions contre tous ces porteurs de prétendus spécifiques, effrontés charlatans, si habiles à exploiter la crédulité du peuple, vous n'avez point balancé à vanter M. Blanc et à recommander l'emploi ou du moins l'essai de son spécifique aux personnes affectées des diverses maladies cutanées et autres, énumérées dans son prospectus.

Vous avez aujourd'hui, M. le rédacteur, la bien douce satisfaction de voir que vous n'avez point été induit en erreur, que les effets répondent aux promesses, en un mot, que M. Blanc a réellement fait une découverte salutaire et d'autant plus heureuse qu'elle attaque des maladies qui se distinguent par leur caractère hideux.

Il résulte d'un tableau des traitemens faits dans le canton de Genève par M. Blanc, qu'un assez grand nombre de guérisons mêmes inespérées ont eu lieu grâce à son remède. MM. les docteurs Coindet et Olivet de Genève, ainsi que MM. les docteurs Monfalcon et Chuit, le premier résidant à Carouge, le second à Plainpalais, se sont fait un plaisir et un devoir de l'attester.

On trouve sur ce tableau, à la colonne des observations et certificats de MM. les médecins Monfalcon et Chuit, que les sujets y désignés nominativement, comme ayant usé de la recette de M. Blanc, sont parfaitement guéris et sans aucun dérangement de santé. Les signatures de MM. les médecins précités sont légalisées, l'une par M. Lafontaine, maire de Carouge, l'autre par M. E. Couteau maire de Plainpalais, et pour plus de validité, les signatures même des deux maires et des deux docteurs sont revêtues de la légalisation de M. de Roches, secrétaire-d'état de la république et canton de Genève.

Il a été, en outre, publié dans votre estimable journal, des lettres des personnes guéries ou des parens de ces personnes. On y rendait justice à l'efficacité du spécifique inventé par M. Blanc, et dans l'intérêt de l'humanité, on engageait le public à s'en servir au besoin.

Tant de preuves, tant de témoignages irrécusables ont porté leurs fruits, et en dépit des tracasseries que lui a suscitées à Genève la jalousie de quelques médecins, M. Blanc a obtenu et mérité la confiance publique, et sa clientelle s'est étendue.

Etabli depuis six mois à Ferney, il a vu se grouper autour de lui une certaine quantité d'enfans, d'adultes, de vieillards, de femmes, que d'horribles maladies tendaient à retrancher pour toujours de la société ; on est venu, on vient de lieux assez éloignés réclamer ses soins, et il est peu d'individus qui ne s'en retournent satisfaits. M. Blanc ayant d'ailleurs les plus grands égards pour les personnes dénuées de fortune.

M. Blanc, désirant encourager, autant que possible, les malades à l'aborder, voulant détruire la méfiance qui, ordinairement, s'attache à l'emploi d'un remède nouveau, a cru devoir dresser un tableau descriptif de ses traitemens dans la commune de Ferney. L'âge des malades, le genre de maladie, la date des cures, le prix convenu, y sont détaillés, et plusieurs guérisons, entre autres, celle de Jeannette Maréchal, dont vous avez inséré la lettre dans votre numéro 36, sont certifiées par M. le docteur Gerlier, et dont la signature a été duement légalisée par le maire, M. Durand, à la date du 15 juin dernier.

Ces résultats prospères ont déterminé M. Blanc, qui n'était, pour ainsi dire, qu'en passage à Ferney, à se fixer dans cette ville avec sa famille; il loge maintenant au premier étage de la maison Arbet, au café Français.

J'aime à croire, M. le rédacteur, que vous voudrez bien donner de la publicité à cette lettre; ce sera, de votre part, un acte de philantropie, et vous acquerrez un nouveau droit à la reconnaissance des amis de l'humanité.

Agréez, etc.

Ferney-Voltaire, le 20 juillet 1833.

Un de vos abonnés.

Il résulte, d'après le certificat ci-après, que j'ai guéri, à Châlons-sur-Saône, quantité de personnes de différens âges et sexes, au nombre desquelles se trouve le fils de M. Chambellan, âgé d'un an, qui, malgré son jeune âge, a fort bien supporté le traitement.

Un pansement de dix-neuf jours a suffi pour guérir complétement les fils Trumeaux et Romanet, bien qu'ils fussent atteints de cette maladie dès leurs bas âges et qu'ils eussent quatorze ou quinze ans.

Le fils Lemoine, âgé de quinze ans, avait aussi cette maladie depuis son bas âge et avait résisté à l'application de sept calottes de poix que M. le docteur Lépine a déclaré avoir lui-même ordonné.

Nous, soussignés, docteurs-médecins, certifions avoir visité plusieurs enfans, notamment Duc, Joffroy, Trumeaux, Romanet, Bertrand, Lemoine et Bonneau, pendant le traitement que leur a fait subir . Blanc, officier de santé, pour combattre la teigne dont ils étaient atteints. Ce traitement, qui consiste dans l'épilation et dans l'emploi d'une huile composée par M. Blanc, avait procuré à tous ces enfans, dans l'espace de deux à trois mois, une guérison parfaite.

Châlons, ce 14 avril 1835.

Signé : Chéze et Lépine,
Docteurs-médecins.

Vu à la mairie pour légalisation dès signatures de MM. Chèze et Lépine, docteurs en médecine

Châlons-sur-Saône, le 15 avril 1835.

Signé : Ogier.

Vu pour la légalisation de la signature de M. Ogier, adjoint à la mairie de Châlons, apposée d'autre part.

Châlons, le 17 avril.

Le sous-préfet,

Signé : Paccard.

Département de Saône-et-Loire.

Le maire de la ville de Châlons-sur-Saône certifie que les nommés Lemoine, Joffroy, Foustel, Larinier, Joly et Pradel sont tous des pères de famille réduits à un état de pauvreté qui ne leur permet pas de faire la moindre dépense pour le traitement de leurs sept enfans atteints de teigne ; qu'il nous ont présenté un prospectus de M. Blanc, par lequel il s'offre de guérir gratuitement toutes les personnes munies d'un certificat d'indigence, et que nous avons recommandé ces enfans à ses soins généreux.

Châlons, le 26 mars 1835.

Tant de faits si bien constatés et la persévérance des observations et investigations que j'ai faites dans un but constant de découvrir l'origine du mal pour diriger les traitemens en conséquence, persévérance qui date de 1811, je me crois autorisé à regarder même comme un devoir de faire observer à M. le ministre, que, partout où j'ai voyagé, la presque totalité des parens s'est accordée à maintenir que cette maladie avait été communiquée à leurs enfans sur les bancs de l'école.

Cependant, M. le ministre, des réglemens qui défendent l'admission des personnes atteintes d'affections communicatives existent dans tous les royaumes. Comment se fait-il qu'ils ne sont pas mieux observés par MM. les maires de chaque commune ? C'est ce que je ne puis m'expliquer, car, par suite de cette coupable négligence il résulte :

1° Que les pères de famille qui envoient leurs enfans aux écoles, sains et saufs, ont souvent le chagrin de les voir revenir atteints de maladies jusqu'à présent crues incurables.

2° Que, comme elles sont un cas de réforme pour le service militaire, tel homme est souvent obligé de partir pour tel autre.

3° Que quantité de personnes, par cette hideuse et repoussante maladie, sont exclues de la société, ce qui la prive de leurs bras et de leur industrie.

Ambroise Paré , chirurgien primaire d'Henri IV, dans son traité qui s'accorde avec tant d'autres auteurs , va plus loin : il dit que ce n'est pas assez d'éloigner les dartreux et les teigneux de la société, on devrait encore leur empêcher le mariage. Ces auteurs ont raison, je suis parfaitement de leur avis.

Aussi, lorsque je serai breveté, je proposerai d'établir des dépôts de mon remède dans toutes les villes de France, ensemble la manière si bien détaillée d'en faire usage, que la personne la moins intelligente pourra en faire l'application, et, pour contribuer d'avantage à arrêter le cours de la propagation de cette maladie , j'exposerai au gouvernement la nécessité d'envoyer à MM. les maires de chaque commune une ordonnance qui les invite à rappeler à MM. les instituteurs qu'ils ne doivent recevoir aucun enfant atteint de maladie épidémique.

Le hasard a fait connaître à M. le sous-préfet de Châlons-sur-Saône l'importance de cette proposition. Ayant reçu, pendant mon séjour dans cette ville, un rapport de M. le maire de la commune de Saint-Martin , en Bresse, par lequel il se plaignait que les cinq enfans de l'adjoint étaient atteints de la teigne, et qu'ils la propageaint dans l'école , ce qui occasionna des plaintes de la part des habitans. Cette autorité profita d'un moment où je lui fis une visite pour m'inviter à me rendre dans cette commune , muni d'une lettre de sa part. Je me rendis , accompagné de M. le maire, dans l'école où je reconnus que vingt enfans étaient atteints de cette maladie, et chacun s'accordait à dire que c'était l'aîné de la famille de l'adjoint qui l'avait communiqué à tous les autres. Je fis soigneusement observer à M. le maire que toutes ces teignes étaient du genre favus.

Causes prédisposantes des dartres et teignes.

L'origine des dartres tient à une infinité de causes ; savoir : à la malpropreté, à l'humidité du lieu que l'on habite, à une inflammation du foie occasionnée par le trop fréquent usage des viandes salées , fumées et épicées (1) , à l'abus des liqueurs quelconques, à l'intempérance du plaisir des sens et de la table ; une frayeur, un lait répandu chez les femmes, le mauvais traitement pour la suppression des pertes blanches , les menstrues, le défaut d'un bon alaitement, une abondance de bile, un chagrin violent, une gale; une syphilis, une teigne, un chaud et froid mal traité. On a vu des gales, des syphilis, des teignes mal soignées se déclarer huit et même dix ans après ce funeste traitement : aussi en résulte-t-il que les enfans en sont héréditaires, tout aussi bien que par l'imprudence que commettent les pères et mères dans certains momens critiques (2).

Les personnes dont le sang est naturellement âcre, sont plus susceptibles de prendre ces maladies.

Les teignes ont aussi la même origine, mais elles sont beaucoup plus faciles à se communiquer. Elles proviennent du peu de soin que donnent les mères à leurs enfans, surtout lorsqu'ils ont des croûtes laiteuses , ce qu'ils appellent gourme ou gale. Les teignes se communiquent aussi par les

(1) J'ai remarqué que dans tous les pays où l'on fait une forte consommation de ces sortes de viandes, les dartres y sont plus fréquentes qu'ailleurs, comme en Suisse et particulièrement à Genève, Lausane, Fribourg et Neufchâtel.

(2) De cette imprudence, il en résulte aussi des humeurs froides ou toute autre défection. Les Juifs ont un précepte qui les oblige de changer même de chambre pour mieux se séparer pendant la durée des menstrues ; nous ferions bien d'imiter leur prudence.

linges et les coiffures. Je citerai pour exemple les filles Maréchal qui tenaient cette maladie de quelques bonnets mal lavés que leur avait donnés une dame de Genève. L'aînée, par moi-même traitée, est guérie (voir plus haut le certificat qui la concerne), l'autre a succombé à l'hôpital de Gex par suite de l'application de douze calottes de poix.

Si tous ces faits étaient soigneusement observés, ces maladies seraient beaucoup moins fréquentes.

On doit donc avoir attention de s'éloigner autant que possible des personnes atteintes de ces maladies (1), et lorsque les enfans ont des croûtes laiteuses, il convient de ne pas les repousser par des lavages ou des applications émollientes, mais de bien les faire suppurer au moyen de beurre frais et de feuilles de bette, de continuer ainsi jusqu'à ce que les glandes ou engorgemens qu'il a autour du cou soient totalement dissipées. Pour cela, on aura soin de tenir cette partie bien couverte au moyen d'une cravatte. Dans cet intervalle, on purgera l'enfant trois ou quatre fois avec des sirops dépuratifs tels que celui de chicorée amère ou autres purgatifs adaptés à son âge et à son tempérament.

L'application de mon remède peut s'effectuer en toutes saisons. Je ne dirai pas cependant que celle du printemps ne soit pas plus favorable; loin de là, je maintiens qu'alors les cures exigent moins de temps. Cependant, si on lit attentivement les certificats inclus dans la présente brochure, on verra que la plus grande partie des cures ont été obtenues en hiver. Beaucoup de personnes prétendent aussi traiter ces maladies avec succès; mais l'on voit la plupart de celles que

(1) Il est vrai que bien souvent leur belle chevelure couvre leur mal au point qu'on ne se douterait pas qu'elles sont teigneuses. M. N. de Mâcon se trouvait dans ce cas, la femme et l'enfant en ont été atteints. Ils jouissent aujourd'hui tous trois d'une parfaite santé.

l'on a combattues par ces remèdes violens (1) et prétendus efficaces se reproduire avec plus d'intensité, trop heureux encore si cette médication répercutive n'a pas donné lieu à une affection organique intérieure ; repoussée par ces remèdes et tombée sur les poumons, elle devient en quelque sorte incurable, et réduit le malade dans un état d'étisie (2).

D'après ce, je ne doute pas que je sois en opposition avec la plus grande partie des membres de la faculté qui prétendent que cette maladie n'est point contagieuse ; je suis tellement convaincu du contraire, que déjà je l'ai prouvé à plusieurs médecins dans mes voyages. Il est constant que certaines dartres et teignes donnent une grande quantité de suppuration très-corrosive en eau claire, jaunâtre ou pus blanc qui s'empreigne facilement dans la peau et corrompt insensiblement la masse du sang, d'où s'en suit la déclaration de la maladie. Il est donc non moins évident qu'elle est contagieuse qu'il est évident qu'elle est héréditaire.

Quelques personnes pourront objecter à ce raisonnement que n'ayant point fait toutes les études nécessaires pour approfondir la science médicale, je ne puis entrer en matière. Cela est vrai, mais j'ai pour moi l'expérience, et m'étant appliqué à cette seule branche depuis vingt-cinq ans, j'ai eu le temps de l'approfondir, d'apprendre à en conaître l'origine, surtout à la combattre avec de rapides succès.

Aussi la réputation de mon remède est déjà tellement établie, que dans tous les départemens où j'ai passé, les autorités locales, ainsi que les médecins, n'ont pas hésité à me permettre de traiter, bien que je ne sois porteur que d'un brevet étranger. Aussi dans chaque ville je me suis fait un

---

(1) A Mâcon, M. O. a repoussé sa teigne par les lavages d'acide sulfurique allongés avec de l'eau. Non-seulement il a la tête chauve, mais il est dans un état pitoyable.

(1) Voyez pag. 17, paragraphe 1er arcticle Fuzay.

devoir de traiter les indigens gratis. Déjà deux le sont dans la capitale.

Arrivé à Paris le 5 mai 1855, je me rendis chez M. le baron Alibert, médecin en chef de l'hôpital Saint-Louis, qui, sans doute, avait entendu parler de mon procédé ; il me fit beaucoup d'accueil et m'invita à assister le lendemain à son cours sur les maladies de la peau. Il me demanda si j'avais rempli les formalités prescrites auprès de M. le ministre pour que l'Académie eût à statuer. Je répondis affirmativement , et le lendemain 6, après son cours, il me fit encore l'honneur de confier à mes soins, en attendant la décision de l'Académie, la nommée Valet, âgée de seize ans, de Paris, atteinte d'une dartre esthiomenos scrofula , qui lui couvrait une grande partie du visage, la tête, les cuisses et les genoux, et qui se trouve aujourd'hui dans une parfaite convalescence, bien que son mal ait résisté à quantité de remèdes pendant l'espace de dix ans, et qu'il n'y ait que quarante jours que je la traite.

Royer, âgée de trente-huit ans, de Paris, atteinte d'une teigne furfuracée, est déjà sortie de l'hospice.

Noël, âgée de dix-sept ans, aussi de Paris, même maladie que la précédente, va également fort bien.

L'Héritier, âgée de vingt-trois ans, de Reims, travaillée, depuis sept ans, d'une dartre esthiomenos scrofula, qui lui couvrait aussi la plus grande partie du visage et de la tête éprouve un mieux très-sensible.

Le baron Alibert a été si surpris de l'avantageux résultat obtenu dans un si court délai, qu'il a dit , en présence de nombreux médecins : Il faut le voir pour le croire ! Cette découverte, Messieurs, mérite d'être approfondie.

Les circonstances ayant retardé l'envoi de ma demande à l'Académie, je profite de ce retard pour mettre les faits ciénoncés sous les yeux de la Faculté, persuadé qu'elle les prendra en considération.

M. le baron est tellement satisfait des résultats obtenus sur ces maladies, qu'il vient de m'en confier quatre autres très-invétérées.

OBSERVATIONS.

Un nombre infini de médecins se sont accordés à dire que chaque genre de teigne exigeait un traitement différent.

Tous les faits énoncés dans cette brochure, joints au présent tableau, attestent que je ne me suis jamais servi que de ma méthode pour quel cas que ce soit, laquelle n'exige que plus ou moins de temps, et plus ou moins de consommation de spécifique et dépuratif; et malgré cela, je n'ai jamais eu le désagrément de voir, comme cela arrive si souvent, des teignes qui, au lieu de céder au traitement, se répandent sur tout le corps.

Au reste, par le moyen dudit tableau, les personnes qui auraient quelques doutes sur ce que j'avance, peuvent écrire aux autorités des lieux ou aux personnes mêmes.

Paris, le 22 juin 1835.

IMPRIMERIE DE J.-A. BOUDON,
rue Montmartre, 131.

TABLEAU des Traitemens faits par Eugène BLANC, Officier de Santé, sur les personnes atteintes de Teigne, dans la France, le duché de Savoie et la Suisse.

NOMBRE DE MALADIES dans chaque famille.	NOMS ET PRÉNOMS.	DOMICILE.	AGES.	PRIX CONVENUS.	Commencement.	Fin.	GENRE DE TEIGNE.
2	Boyot François frère et sœur.	Chambéry.	7 et 9 ans.	Payé	25 octobre 1830.	25 mars 1831.	Favus.
1	Fontaine Jean-Batiste, chez M. de Costa.	Lamotte.	42 ans.	Gratis.	7 novembre 1830.	30 avril 1831.	Milliaire.
2	Pacoret Mari et sa sœur.	Id.	4 et 6 ans.	Id.	30 novembre 1830.	30 décembre 1831.	Favus.
1	Magdelain Hyacinte.	Chambéry.	23 ans.	Id.	19 novembre 1830.	30 janvier 1831.	Favus.
1	Richard Marie.	Chambéry.	19 ans.	Id.	20 novembre 1830.	30 mai 1831.	Ulcéreuse.
4	Barandier Jean-Batiste et ses trois sœurs.	Lamotte.	17 ans.	Id.	14 novembre 1830.	20 mars 1831.	Favus.
2	Bibollet Phani et sa sœur.	Chambéry.	7 et 5 ans.	Id.	25 mars 1831.	20 avril 1831.	Id.
1	Bovagnet Eugène.	Id.	8 ans.	Id.	15 mars 1831.	25 mai 1831.	Milliaire.
1	Chaperon Marie.	Saint-Alban par Chambord.	19 ans.	Payé.	16 mars 1831.	4 avril 1831.	Ulcéreuse.
1	Courtois Claude.	Chambéry.	8 ans.	Id.	30 avril 1831.	27 juin 1831.	Id.
1	Gartre Joseph.	Id.	8 ans.	Id.	25 avril 1831.	30 juin 1831.	Favus.
1	Tosetti Victor.	Id.	2 ans 1/2.	Id.	4 mai 1831.	5 juin 1831.	Ulcéreuse.
2	Bergerat Henry et sa sœur.	Id.	7 et 9 ans.	Gratis.	30 mai 1831.	28 juin 1831.	Favus.
1	Mermex Claudine.	Aix.	9 ans.	Id.	traitée elle-même.		
2	Boissat Claudine et sa sœur.	Grésy.	9 et 10 ans.	Id.	30 juin 1831.	2 août 1831.	Milliaire.
2	Besson Marie et sa sœur.	Id.	18 et 10 ans.	Id.	Id.	6 août 1831.	Id.
5	Frères Vullierne, François, Jean, Pierre Gauthier.	Saint-Jean, par Gauthier.	14 et 10 ans.	Id.	25 juillet 1831.	30 août 1831.	Id.
1	Duhould Claude.	Dormois.	15 ans.	Id.	Id.	Id.	Favus.
1	Guéland Jean-Pierre.	Annesi.	18 ans	Id.	Id.	Id.	Milliaire.
3	Chemy Antoine et ses frères.	Id.	Id.	Id.	Id.	Id.	Id.
2	Les deux fils Rouges, marchands, à	Taninge.	9 et 11 ans.	Id.	30 juillet 1831.	4 août 1831.	Id.
2	Rouge Joseph et sa sœur, huissier.	Id.	7 et 9 ans.	Id.	Id.	14 août 1831.	Favus.
2	Pochat Joseph.	Laroche.	7 et 9 ans.	Id.	22 juillet 1831.	22 septembre 1831.	Id.
4	Amelme Benoît.	Larochette.	22 ans.	Id.	1er septembre 1831.	19 décembre 1831.	Id.
4	Richard Claude et ses trois sœurs.	Montcel.	17 ans.	Id.	15 septembre 1831.	11 janvier 1832.	Ulcéreuse.
1	Michaud Louise.	Id.	17 ans.	Id.	Id.	12 février 1832.	Milliaire.
1	Daillion Eugène, huissier.	Aix.	3 ans.	Id.	10 décembre 1831.	10 février 1832.	Favus.
3	Gouturier Claude.	Id.	18 ans.	Id.	2 février 1832.	4 mars 1832.	Favus.
4	Bouvier Marie et ses trois enfans.	Miretier.	28 ans.	Id.	16 février 1832.	30 mars 1832.	Ulcéreuse.
3	Bellemain Magdeleine.	Pont Bonvoisin. France.	17 ans.	Id.	Id.	28 avril 1832.	Milliaire.
1	Rey Eugène, pharmacien.	Id.	7 ans.	Payé.	25 janvier 1832.	22 avril 1832.	Id.
3	Jacquet François et ses deux frères.	Id.	14 ans.	Gratis.	Id.	1er mai 1832.	Id.
2	Huguet François et sa sœur.	Id.	11 ans.	Id.	29 janvier 1832.	4 mars 1832.	Ulcéreuse.
1	Meunier Thérèse.	Id.	8 ans.	Id.	19 janvier 1832.	8 avril 1832.	Favus.
4	Alex Fani etc.	Id.	11 ans.	Id.	Id.	15 avril 1832.	Id.
3	Ginet François et ses deux sœurs.	Saint-Offenge. (Savoie).	7 ans.	Id.	10 mars 1832.	28 avril 1832.	Id.
2	Chapui Marie etc.	Treviniens.	5 ans.	Id.	25 mars 1832.	id.	Milliaire.
3	Clair Thérèse etc.	Moncelle.	3 et 7 ans.	id.	3 avril 1832	12 mai 1832.	Favus.
	RÉPUBLIQUE DE GENÈVE.						
3	Maure la mère et deux filles.	Coulouvrenères.	28 ans.	Gratis.	26 septembre 1832.	29 octobre 1832.	Milliaire.
1	Mathieu fils ébéniste.	Carouge.	8 ans.	Id.	10 septembre 1832.	10 octobre 1832.	Id.
2	Jacquemart fils.	Id.	7 et 9 ans.	Payé.	28 septembre 1832	11 novembre 1832.	Ulcéreuse.
1	Chrestinet fils.	Id.	6 ans.	Id.	Id.	12 octobre 1832.	Granulée.
1	Marmillon.	Id.	5 ans.	Gratis.	12 septembre 1832.	14 octobre 1832.	Favus.
1	Vachio.	Id.	5 ans.	Id.	5 octobre 1832.	11 novembre 1832.	Id.
1	Dunan.	Id.	15 ans.	Id.	8 novembre 1832.	3 janvier 1833.	Ulcéreuse.
1	Prevost.	Id.	14 ans.	Id.	Id.	6 janvier 1833.	Granulée.
3	Provan la mère et les deux filles.	Id.	35, 3 et 4 ans	Id.	9 novembre 1832.	25 janvier 1833.	Favus.
1	Pilet Antoinette.	Creyte près Genève.	34 ans.	Id.	5 octobre 1832.	27 novembre 1832.	Esquamosa.
1	Prevost fils.	Genève.	12 ans.	Id.	19 novembre 1832.	25 janvier 1833.	Ulcéreuse.
1	Fils Adort.	Id.	3 ans.	Id.	20 novembre 1832.	30 janvier 1833	Favus.
1	Deleins, patissier.	Id.	6 ans.	Id.	10 octobre 1832.	10 janvier 1833.	Milliaire.
1	Demoiselle Kelaire.	Id.	22 ans.	Id.	30 novembre 1832.	29 février 1833.	Granulée.
1	Saint-Ource fils.	Id.	6 ans.	Id.	12 mars 1833.	4 avril 1833.	Favus.
1	Melan fils.	Id.	10 ans.	Payé.	1er avril 1833.	1er mai 1833.	Id.
1	Françoise Batier, près l'évêque.	Id.	32 ans.	Gratis.	3 avril 1833.	3 juin 1833.	Esquamosa.
3	Pyrle la mère et les deux filles.	Id.	28 ans.	Id.	3 avril 1833.	24 juin 1833.	Milliaire.
1	Decombat Antoine.	Ferney. (France).	14 ans.	Id.	10 mars 1833.	10 juin 1833.	Favus.
1	Falconet Jacques.	Id.	11 ans.	Id.	12 mars 1833.	12 juin 1833.	Id.
1	Durand.	Id.	12 ans.	Id.	12 mars 1833.	Id.	Id.
2	Berger et ses deux filles.	Id.	4 et 5 ans.	Id.	Id.	8 juin 1833.	Milliaire.
1	Maréchal Jeanette.	Id.	26 ans.	Id.	6 mai 1833.	9 juin 1833.	Ulcéreuse syphilis.
3	Masson les trois fils.	Gex.	9 ans.	Id.	8 mai 1833.	12 juillet 1833.	Milliaire.
1	Ailloux fils.	Collet.	14 ans.	Id.	26 septembre 1833.	1er février 1834.	Favus.
1	Débaillet Pierre.	Dardagny.	14 ans.	Id.	2 septembre 1833.	30 juin 1834.	Quamosa.
1	Terrasson Jacques.	Collonge. (France).	20 ans.	Payé.	Id.	8 novembre 1834.	Favus.
1	Decrey fils.	Id.	10 ans.	Id.	Id.	Id.	Id.
1	Terrasse.	Bourg.	19 ans.	Gratis.	26 mai 1834.	15 septembre 1834.	Esquamosa.
1	Griffon fils.	Id.	3 ans.	Id.	12 janvier 1835.	28 février 1835.	Milliaire.
1	Bedel.	Mâcon.	28 ans.	Payé.	13 février 1835.	15 mai 1835.	Milliaire univers.
1	Tremplier.	Id.	4 ans.	Id.	Id.	30 mars 1835.	Milliaire.
3	Chavis.	Id.	9 ans.	Gratis.	14 février 1835.	20 mars 1835.	Favus.
1	Bernard.	Id.	5 ans.	Id.	Id.	15 mars 1835.	Id.
1	Grivet.	Id.	30 ans.	Id.	20 février 1835.	30 mars 1835.	Id.
2	Duc fils.	Châlons-sur-Seine.	9 et 7 ans.	Payé.	25 février 1835.	14 mars 1835.	Ulcéreuse.
1	Geoffroi Reine.	Commune de Condemenne.	12 ans.	Gratis.	26 janvier 1835.	1er mars 1835.	Faveuse.
1	Trumaux Pierre.	A la Citadelle.	11 ans.	Payé.	Id.	14 février 1835.	Furfuracée.
1	Romanet François.	Saint-Côme.	12 ans.	Id.	27 janvier 1835.	Id.	Id.
1	Bertrand Jenny.	Rue Port-Villiers.	12 ans.	Id.	27 février 1835.	1er mars 1835.	Ulcéreuse.
1	Lemoine Jean-Batiste.	Hôtel-de-Ville.	13 ans.	Gratis.	4 février 1835.	10 mars 1835.	Squameuse.
1	Lemoine Purette.	Id.	11 ans.	Id.	Id.	1er mars 1835.	Id.
1	Bonneau François.	La Citadelle.	5 ans.	Payé.	5 février 1835.	Id.	Dartres univ. et mil.
1	Soustel Anne.	Commune de Givry.	0 ans.	Gratis.	22 février 1835.	22 mars.	Faveuse.
1	Salard Julie.	Châlons-sur-Seine.	5 ans.	Payé.	3 mars 1835.		Squameuse.
1	Lorimier Marie.	Id.	3 ans 1/2.	Gratis.	14 mars 1835.		Faveuse.
1	Joly Jean.	Chatenay-le-Royal.	12 ans.	Id.	18 mars 1835.	7 avril 1835.	Milliaire.
1	Pradel.	Châlons-sur-Saône.	3 ans.	Id.	25 mars 1835.		Id.
1	Chambellan Joseph.	Id.	1 an.	Payé.			Squamosa.
1	Valet Thérèse.	Paris.	16 ans.	Gratis.	7 mai 1835.		
1	Royer Sophie.	Montreuil.	38 ans.	Id.	Id.	10 juin 1835.	
1	Noël Ester.	De Môle.	17 ans.	Id.	18 mai 1835.	Id.	
1	L'Héritier Jeanne.	Reims.	23 ans.	Id.	27 mai 1835.		
1	Moulaile Eufrosine.	Paris.	16 ans.	Id.	30 mai 1835.		
1	Lossure Ernest.	Id.	17 ans.	Id.	Id.		
1	Lotellier.	Paris.		Id.	13 mai 1835.	14 juin 1835.	Milliaire.
1	Martin.	Id.	63 ans.	Payé.	4 juin 1835.	Id.	Id.

(Accolade reliant Valet Thérèse à Lossure Ernest : Traités gratis à l'hôpital Saint-Louis.)

150   Il résulte donc que sur 150 traitemens, 126 ont été fait gratis, le nombre des guérisons opérées gratis ou payantes est bien supérieur, mais les personnes ne veulent pas être connues.

www.ingramcontent.com/pod-product-compliance
Lightning Source LLC
Chambersburg PA
CBHW061720060726
47597CB00006B/2484